Marieta Piegeler

Einsamkeit, die vorgibt, verschwunden zu sein

novum pro

www.novumverlag.com

Bibliografische Information
der Deutschen Nationalbibliothek:

Die Deutsche Nationalbibliothek
verzeichnet diese Publikation in
der Deutschen Nationalbibliografie.
Detaillierte bibliografische Daten
sind im Internet über
http://www.d-nb.de abrufbar.

Alle Rechte der Verbreitung,
auch durch Film, Funk und Fernsehen,
fotomechanische Wiedergabe,
Tonträger, elektronische Datenträger
und auszugsweisen Nachdruck,
sind vorbehalten.

© 2021 novum Verlag

ISBN 978-3-99107-584-4
Lektorat: Bianca Brenner
Umschlagfotos:
Chuyu | Dreamstime.com;
Helmut Piegeler
Umschlaggestaltung, Layout & Satz:
novum Verlag

Gedruckt in der Europäischen Union
auf umweltfreundlichem, chlor- und
säurefrei gebleichtem Papier.

www.novumverlag.com

Für meinen Mann Helmut Piegeler

INHALTSVERZEICHNIS

Leben – eine einsame Erfahrung 11
  Quallen 13
  Dreidimensional 14
  Die Grammatik meines Lebens 15
  XXX 16
  Mit 39 Jahren – ein besonderer Fall von Geburtstag ... 17
  Lebenslogik I 18
  Lebenslogik II 18
  Einsamkeit 19
  Arten von Einsamkeit 20
  Herausforderung 21
  XXX 22
  Das Rätsel einer alten Freundschaft 23
  Eine Erinnerung an eine vergangene Zeit 24
  Leben, ich werde dich an den Schmerzen erkennen, die du mir hast zuteilwerden lassen! 25
  Was ist gut daran? 26
  Eine Idee von Altruismus 27
  Rattenähnliche Moral 28
  XXX 29
  Düster 30
  Ehrlichkeit 31
  Hmm 32
  Widerlich 33
  Weiß und Schwarz 34
  Nostalgisch-journalistisch 36
  Wie ich die Dinge sehe 37
  Über Eitelkeit 39
  Was ist der Preis? 40
  Nachdenken über ein poetisches Fest 41
  Beobachtung 42

Einsamkeit einer Mutter 43
   Andrea 45
   Eine banale Tragödie 46
   Für Andrea 47
   Der Weg ins Erwachsenendasein 48
   XXX 50
   Schwerttanz 51
   Es war einmal ... wie für immer 52
   Diabolisch 53

Die Einsamkeit der Liebe 55
   Wintergedicht 57
   XXX 58
   Eine Liebeserklärung 59
   Im Startzustand 60
   Unbehaglich 61
   Liebe 62
   XXX 63
   Krankheit 64
   XXX 65
   Wie ein Dialog 66
   Schlaf 67
   So einfach 68
   XXX 69
   Schlecht, aber es wird vergehen 70
   Eine Lektion 71
   Wütend 72
   Liebesfantasie 73
   XXX 74
   Das Fest 75
   Das Bier der Liebe 76

Einsamkeit zwischen Ländern 77
   Nikolaustag 79
   Volle Feiertage 81
   Die neuen Bulgaren 82

Der späte Frühling 2013 83
Klassentreffen 84
Das Zuhause in uns, ein bisschen Grammatik,
ein bisschen Semantik, ein bisschen Quo Vadis 85
Politische Gedichte aus der Zeit des Übergangs
vom Sozialismus zur Demokratie in Bulgarien 86
2009 86
2019 87
Traurig bis auf die Knochen (Januar) 88
Das Beste vom September 89
Dezember in der Nähe der Mosel 90
Bulgarische Frage 91
Im Land der Brüder Grimm 92
Weihnachtsgedicht eines Auswanderers 93
Bulgarische Mütter 94
Oktober-Wahnsinn 95
Nachts zu reden 96

Leben – eine einsame Erfahrung

Quallen

Ich verwandle mich in eine Qualle.
Geschoben von den Meeresströmungen.
Ich schwimme nicht,
ich schwinge.
Eines Tages werde Ich an Land geworfen
von den Wellen.
Und nur der Sand wird mir willkommen sagen
mit Küssen –
grausam bis zuletzt.

Dreidimensional

Sie ist ein Mädchen –
und geht, wie sie tanzt.
Ihre Augen sind Kerzen
beleuchtet
über ihrem Lächeln
wie für ein kurzes Fest.

Sie ist eine alte Dame –
Und das schönste damals
und beste
Lied der Donau
macht jetzt hässliche Spuren
auf die Oberfläche
ihres Gesichts.

Sie ist eine Ricke –
und will rennen.
Sie kann hören
das Schießen des Jägerskommt
mit dem Tag näher
und näher.
Aber sie weiß –
sie kann nicht mehr
laufen
seit Jahren.

Die Grammatik meines Lebens

Was für eine Grammatik!
Verben vergangener Zeiten.
Keine Zukunft.
Gegenwart –
ein fehlgeleiteter Fußgänger
zufällig auftauchend.
Im Gegensatz –
viel Nomenverkehr:
Hin und her
Angst.
Wachsende Untröstlichkeit
Verluste. Verluste. Verluste.
Kriechen
mehr als Fliegen.
Und so weiter –
im synonymen Fortschritt.

XXX

Ich werde immer älter und älter
wie das Universum
schneller und schneller.
Nur mein Recht
keine Rechte zu haben bleibt.
Ich kann dich nicht ändern.
Ich kann es auch nicht für mich tun.
Und es ist niemals einfach.
Diese Reise ohne Bremsen.
Ich sehe mich fallen.
Ich kann mich kaum
selbst fragen
Wie viel ist noch übrig?

Mit 39 Jahren – ein besonderer Fall von Geburtstag

Ich bin krank und habe keine Kraft.
Ich habe keine Kraft – ich träume nicht.
Kein Träumen – keine Freude.
Keine Freude – ich liebe nicht.
Ich liebe nicht – ich habe nicht den Mut dazu.
Ich habe nicht den Mut,
die Kerzen zu löschen.

Lebenslogik I

Weit entfernt von der ersten Liebe.
Weit entfernt von der glücklichen.
Weit entfernt von der ungeteilten
Weit entfernt von der unmöglichen.
Weit entfernt von der leidenschaftlichen.
Weit entfernt von der lässigen.
Weit entfernt von der langweiligen.

Weit weg von der Liebe.

Lebenslogik II

Das Missverständnis, dass die Welt mit dir beginnt.
Das Missverständnis, dass du anders und unsterblich bist.
Das Missverständnis, dass die Kindheit endlos ist.
Das Missverständnis, dass Kinder besser als Erwachsene sind.
Das Missverständnis, dass Eltern allmächtig sind.
Das Missverständnis, dass es leicht ist, erwachsen zu werden.
Das Missverständnis, dass Liebe ewig ist.
Das Missverständnis, dass du verstanden wirst.
Das Missverständnis, dass du jemanden verstehen wirst.
Das Missverständnis, dass du dein Leben meistern wirst.
Das Missverständnis, dass du Trost finden wirst.
Das Missverständnis, dass Entsetzen an dir vorbeigehen wird.

Einsamkeit

Wie oft
wandere ich allein.
Wie oft
als Waise,
obdachlos
und Witwe.
Aber ich bin es nicht!
Trotzdem gehe ich immer noch
durch die Stadt –
Waise.
Obdachlos.
Witwe.
Einer der streunenden Hunde,
den das behütende Rudel nicht wollte.

Arten von Einsamkeit

Ich habe dich gesehen –
auf der Rinde des Baumes,
in den du hineingefahren bist.
Foto eines Mädchens.
Ein Stück Papier,
mit einem Strauß Nelken,
gerahmt.
Mit schönen gedruckten Wörtern
von engen Freunden.
Aber …
du bist allein
dort.
Allein,
wie ich hier,
noch lebendig.

Herausforderung

Ihr schreibt mir eure Gedanken vor…
Kein Bedarf – ich habe meine.
Ihr glaubt vergebens, wir seien ähnlich.
Eines Tages,
werde ich weit hinter mir lassen
unzählige zugeschlagene Türen
und tägliches Gift.

XXX

Ich kann eine Liste machen
mit Leuten, die
ich nicht ausstehen kann.
Es gibt einen Beweis,
dass du es auch kannst.
Dass meine Liste mit mir beginnt
ist mir keine Überraschung,
aber ich sage einfach –
Es ist so. Nichts mehr.

Das Rätsel einer alten Freundschaft

Manchmal
denke ich –
du verstehst mich.
Manchmal
glaube ich – ich verstehe dich.
Nicht nur manchmal,
sondern immer,
frage ich mich,
ob einer der beiden Standpunkte
richtig ist?!

Eine Erinnerung an eine vergangene Zeit

Es war die Zeit,
als die Worte mich durchbohrten.
Ich sah aus wie ein Nadelkissen.
Ich habe nur auf Freitage gewartet,
weil die Nadeln ruhten.
Aber ich bin durch diese Zeit gegangen.
Habe ich sie überlebt?
Jetzt ist es ruhig wie vor dem Donner,
aber die Woche hat verloren
ihren Freitag.

**Leben, ich werde dich an den Schmerzen erkennen,
die du mir hast zuteilwerden lassen!**

Ich verschwende dich grausam.
Und nur wenn ich schlafe, weiß ich …
Ich verletze niemanden.
Und auch
mir tut niemand weh.
Trotzdem werde ich aufwachen
und mich kneifen,
um zu sehen –
Ich bin mit Wunden bedeckt,
aber ich lebe dich, mein Leben!

Was ist gut daran?

Auf den Wegen der Träume
verstehen wir,
dass man lebendig genug ist,
aber … in der Zukunft,
weil die Vergangenheit
begräbt, pflückt, nimmt Dinge weg.
Und nur eines bleibt übrig:
Etwas ist schiefgelaufen,
weil der Traum
immer schön und perfekt sein soll.
Aber was nicht geträumt,
ist sicherlich schon passiert.
Eine grausame Realität.

Eine Idee von Altruismus

Brot liegt immer auf jemandes Tisch.
Aber auf einem besonderen Tisch.
Nur für kurze Zeit beschließt
ein übersättigtes und gesättigtes Ego
anderen zu gefallen,
indem es ein paar Krümel übrig lässt.

Rattenähnliche Moral

Die Welt – ein schöner Ort für zwei?
Es ist nicht unmöglich
in der Werbung.
Sonst – sind wir
Touristen im Leben des anderen,
wir gehen vorbei, wir halten,
wir verlangen immer und immer mehr.
Wir erwarten viel!
Wir sind sogar nicht dagegen,
anderen dasselbe
zu wünschen!
Aber jemand
muss sich
um den Tisch
und den Abfall
kümmern.

XXX

Das Leben ist ein russisches Roulette.
In all seinen Drehungen
ist es banal.
Die Frage ist:
Wie viele Fehlschüsse sind dir gegeben?
Und ob
du deine Zeit zwischen ihnen verschwenden wirst.

Düster

Alte Häuser sind zerstört.
Nur Pferden gibt man den Gnadenschuss.
Die Augen des gequälten Hundes
sind menschlich.
Wir bestätigen ... das nur alles
und wir leben weiter.
Weder Mensch noch Gott kann helfen.
Sogar
das Herz, von dem wir denken,
wir lieben und hassen,
ist nur ein köstlicher Bissen.
für diese Kannibalin –
die Mutter Erde ...

Ehrlichkeit

Der Begriff Zeit ist Folter.
Das ist vielleicht so,
weil der Tag zu sein scheint
wie auf einem Laufband,
das Nachtrepertoire jedoch
wird dir keine freie Minute vergeben –
es beginnt mit dem tiefsten Drama,
an besonders trüben Morgen
endet es mit neu geschriebenen Tragödien.
Es ist ein echter Kloß,
vor langer Zeit im Hals stecken geblieben –
schmerzhaft und narzisstisch.

Hmm ...

Ich schaue auf das Leben
als Beseitigung der kindlichen Naivität.
In der glühenden Asche
noch zwei oder drei
der schönen Märchen –
Erinnerung an lebende Kohlen
(oder wahrscheinlicher
die Kindheitskrankheit).
Ein kleiner Trost
gegen Verzweiflung ...
David gegen Goliath ...
Wird der Stein den Berg besiegen?
Ich kann nicht einmal sicher sagen:
„Wir werden sehen"

Widerlich

Du liebst, du tolerierst-Es ist das Gleiche.
Du lebst mit dir selbst wie mit anderen.
Du liebst und erträgst.
Weißt du, nur Selbstmörder
sind die romantischen Liebhaber des Selbst.
Sie können einfach nicht glauben
dass das Leben sie nicht lieben wird.
Das Leben liebt niemanden.
Um ehrlich zu sein, fehlen ihm Gefühle.
Es gibt, nimmt, ohne sich darum zu kümmern
wo, was, wann und von wem.

Weiß und Schwarz

Eine Lichtwelle bricht durch
die dunkelsten
von vielen ähnlichen Tagen.
Dank ihr
kann ich sehen:
Wände überall,
und es gibt keinen Ausgang.
Dass wir ihnen begegnet sind,
es bluten im Laufe der Jahre
die vergrößerten Wunden.
Obwohl immer noch
nicht klar ist
warum
ich, du und sie,
wir alle,
eingezäunt,
aufgerichtet
so heftig,
warum wir geworfen haben
unsere enorme Stärke
ins Neinsagen
(Verstehen, Lieben,
zumindest Tolerieren)
anstatt ins Jasagen?
Was ist anders mit Ländern,
deren Mauern definieren –
Feind oder Statistik?

Anonym –
Teil der vielen,
aber deshalb
endlos mächtig,
der Mensch sucht nach Wegen,
und er kann meilenweit gehen
in Prozessionen,
zu Fuß,
in Lastwagen gefangen,
an Bord winziger Boote,
in Irrenhäuser, in Gefängnisse,
manchmal in teure Zellen.
Auf reines Glück zählen,
nur um zu gewinnen …
Aber was?
Ist das nicht wahr?
Kaum das Ziel erreicht,
hat der Mensch schon angefangen
zu bauen und hinzuzufügen
neue
zu den alten Mauern.
Ich denke, es ist Zeit,
die Mauern einzureißen.
Aber diese Worte
haben wir schon gehört.
Haben wir nicht überlebt
hunderttausende
sinnlose Zerstörungen?
Deshalb ein anderer ist mein Aufruf.
Die Wände in uns
sind schrecklich.
Beginnen wir mit ihnen.

Nostalgisch-journalistisch

Wir haben alles erfolgreich ersetzt.
Leben durch das Fernsehen,
Lachen – durch eine Samstagnachtshow,
Adrenalin durch neue Action-Filme.
Sogar unsere Liebe ist talentlos
wie eine Seifenoper –
doch ohne andauernde Serien.
Wo sind die Kinder der Nachbarschaft,
die spielten damals
Verstecken, Hüpfen, Abzählreime
mit immer demselben Brot und Rubenkraut in der Hand?
Sie sind online, wo sonst?
Es ist dumm zu fragen –
bei diesem Fortschrittsglauben,
der einen elektronischen Impuls reitet,
unsere eigenen
überlebten, armen, verbrauchten
Gedanken,
sind sie wirklich noch
unsere?

Wie ich die Dinge sehe

Jetzt wird viel geschrieben.
Wir sind auf dem Höhepunkt der Epidemie.
Denn keine Tastatur
würde vor Schmerz schreien.
Und das Papier,
durch Vererbung und Herkunft,
ist ruhig und stumm
und würde nicht gestehen
den nächsten, sinnlosen Missbrauch an sich.
Also fast jeder,
der es in Händen hält
hat bereits begonnen,
es zu füllen –
zitternd,
laut,
ehrgeizig,
zuversichtlich,
verzweifelt.
Das ist aber keine Überraschung.
Das ist genau das Leben,
es treibt uns an
uns selbst zu lieben.

(Wie sonst
könnte es uns halten?)
Deshalb,
lass jeden schreiben –
Allheilmittel,
Therapie,
Wahnsinn,
Manie,
Schmeicheln dem eigenen Ego,
Rennen mit Worten,
Hobby,
gemeinsames Spiel,
Vergnügen,
Inspiration,
Propaganda …
Und so weiter.
Lass alles für jemanden sein.
Es gibt jedoch etwas
was ich nicht verstehe.
Wie
die schwersten und schmerzhaftesten Fälle
Freiwillige finden, die sie lesen?!?

Über Eitelkeit

Der Wille,
Eingang in Zeitungen zu erreichen,
ist wie eine Krankheit.
Eine hektische Suche
nach göttlichen Augen, ist nichts anderes
als ... Kameras.
All dies begleitet
vom Erguss
auf das Blatt
voller Wörter.
Am Ende bekränzt –
von falschem, fatalem Feuerwerk

Was ist der Preis?

Endlose Dialoge
stürzen in meinen Kopf.
Und teuflisch scharfe
Worte sind schwingende Schwerter –
zufällige,
desorientierte,
blinde Streiche.
Nicht selten, aber oft genau zielgerichtet.
Sagen wir,
ich lasse mein Schwert fallen,
dann
krümme ich mich,
ziehe ich mich,
kauere ich mich zusammen
und schmelze.
Ich bin ein kleiner Wicht –
braunäugig, schwarzhaarig, weiß.
Ich frage mich:
werde ich noch zum Leben gehören
oder
bin ich nur eine geometrische Figur?

Nachdenken über ein poetisches Fest

Ich will nur
die WÖRTER.
Wichtige Wörter nicht nur für mich.
Viele Brücken kann ich mit ihnen bauen!
Denn „NICHT NUR FÜR MICH"
ist ein gutes Baumaterial.
Viele benutzen es.
Ich bin der Baumeister,
ich bin der Architekt
meiner Wörter.
Ich bin auch ihr Eigentümer.
Und ich suche nicht nach ihrer allgemeinen Bedeutung.
Ich leihe nicht, ich teile nicht,
wie ich kein Leben ausleihe oder teile.
Ich bin alleine auf der Brücke.
Ich warte und hoffe,
wenige Gleichgesinnte –
kommen vorbei.

Beobachtung

Einige können schöne Reden halten.
In der Tat
bauen sie ihr eigenes verbales Denkmal.
Alles, was sie tun müssen, ist das Band durchzuschneiden
während der Eröffnungsfeier.
Aber es gibt immer Dummköpfe,
die es für sie tun.

Einsamkeit einer Mutter

Andrea

Mein Kind spielt die
Mondscheinsonate,
und ich verstehe nicht:
Wo ist der Mond,
wo ist die Nacht?
O, sie sind weg!
Sie sind weg, Leute!
Es ist ein heller Tag!
Die Sonne scheint
Weil mein Kind spielt.

Eine banale Tragödie

Ich habe dich genannt
„Vögelchen im Nest"
Aber ...
weder hatte ich das Nest
noch warst du mein Vögelchen.

Für Andrea

Wie kann ich dich bitten, mich zu lieben?
Wenn deine Füße sich an deine ersten Schritte erinnern,
wirst du mich lieben.
Wenn deine Träume längst vergessene Geschichten wiederholen,
wirst du mich lieben.
Wenn Schlaflieder erklingen,
wirst du mich lieben.
Wenn der kleine Mensch in dir
plötzlich zurückkommt,
wirst du mich lieben.
Aber du sagst mir,
es sei unmöglich.
Bist du groß genug geworden,
um es zu begreifen?
Wache dann
ein bisschen mehr auf.

Der Weg ins Erwachsenendasein

Das Gegenteil von Botevs Lied,
in einer absurd verkehrten Rolle,
Ich habe dich auf der Schwelle geküsst.
Auf Wiedersehen.
Und ich ging.
Du eiltest natürlich in den Park.
Und verstandst nicht einmal –
von diesem Tag an
nicht ich, sondern die Schaukel
würde auf dich warten
und sagte dir willkommen,
mit der Umarmung einer metallischen Mutter.
Viele neue und falsche Mütter
würden eine nach der anderen erscheinen.
Und der ganze Spielplatz,
im Gegenteil,
endlich
wie ein Ballon
würde zerplatzen.
Ich war nicht da, um das alles zu sehen!
Ich ging, wie ich schon gesagt habe.
Aber ich bin oft zurückgekommen!
Wegen des Baumes im Park,
den ich dir gezeigt habe
in unserem ersten Frühling zusammen.
Wegen deiner Händchen,
die ich auf seine Rinde legte.
Erstaunt.

Ich habe diese Berührung genossen.
Wie lange danach
sahen wir verloren aus,
irgendwo auf den Straßen
du gingst vorwärts nach oben,
und ich seitwärts und weiter nach unten.
Aber hier ist es –
der Tag ist gekommen,
um deine Blüte zu sehen!
(War es etwas,
das genau dieser Baum
heimlich und freundlich
mit dir geteilt hat damals?)
Ich weiß es nicht,
ob es für dich Sinn macht,
meine bedrängten Glückwünsche
jetzt zu senden.
Aber ich möchte dir etwas sagen:
Das Gefühl einer Person ist
etwas im Raum verloren –
in der Ferne.
Aber mit der Zeit ist es nicht dasselbe.
Sie verschwindet nicht.
Sie ist in wenigen Augenblicken versiegelt.
Bis zum Ende,
wenn der Tod
sie aufreißt.
Wie wenn der Herbst
plötzlich kommt,
um Blätter zu verstreuen.

XXX

Meine zwei Mädchen –
zwei Türen zu zwei sonnigen Zimmern.
Oder
zwei weiße Wolken am dunklen
Himmel.
Sie könnten
meine zwei Mädchen sein.
Zwei Wege, die könnte ich gehen,
aber ich kam nirgendwo hin.

Schwerttanz

Wir waren verletzt,
aber wir haben uns schon entschieden,
immer wütender werdend.
Unsere scharfen Schwerter leuchtend
feierten bereits.
Jedes nächste Wort
war schneller und schneller,
um auf den Punkt zu kommen,
das Schießpulver in unseren Seelen zu entzünden.
Wo wird geboren
die unnatürliche Flugbahn des eigenen Armes,
auf den Arm einer anderen Person zielend.
Ich war von deinen Schlägen verletzt.
Genau wie du von meinen verletzt warst.
Nein, es war kein Spiel
dieser Schwerttanz,
in dem ich dich verloren habe.

Es war einmal ... wie für immer

An meine Tochter

Wenn ich denke an dich,
fange ich dich immer
mit meinen Gedanken
und hebe dich –
hoch, hoch ...
Um zu sehen
in diesem Moment (war er oder war er nicht)
deine Augen zum Beispiel,
wie du lachst,
dein ganzer kleiner Körper –
milchig und verlockend.
Siebzehn Jahre seitdem.
Halb verloren.

Diabolisch

Kind, sag –
was im Allgemeinen
könnte mich retten
vor deiner Grausamkeit?
Könnte es mein Tod sein?
Obwohl es mein Ableben ist
wie wirst du dessen Reflexion vermeiden?
Weil dann
etwas Spam,
unerwünschter Kontakt im Messenger,
oder
nur ein Albtraum,
ich werde nicht
noch einmal bei dir
erscheinen –
sinnlos, ängstlich,
und mit der Hartnäckigkeit
jeder Mutter.
Du musst wissen –
es ist sehr gut möglich
so zu sein.
Weil lebendig,
ich lebte,
buchstäblich kämpfend,
um genau auf diesem
Weg
ohne Gnade
zu bleiben.

Die Einsamkeit der Liebe

Wintergedicht

Hast du mich gesät
mit dem Weizen dieser Liebesutopie?
Hast du den schwärzesten Rückschlag gewählt?
Und was hat dir dort gefallen?
Es fällt Schnee und es sind keine Sprossen sichtbar.
Es ist noch Dezember.
Weißer Zauber bedeckt sie.
Der wird morgen schmelzen
und es wird schlammbraun sein.
Und sie werden noch nicht sichtbar.
Bis eines Tages,
im Frühjahr,
ihre grünen Augen sich öffnen
und …
O, warum hast du das getan???

XXX

Ich mag nicht in meine Augen schauen.
Zu viel Störung.
Vielleicht weil,
als ich in dein Leben kam,
es dort schon
eine Menschenmenge gab.

Eine Liebeserklärung

Nein, wir sind kein einheitliches Ganzes.
Wir sind ein Mann und eine Frau.
Und du bist anders.
Deshalb habe ich nach dir gesucht:
Gar nichts zu sagen,
wenn es von innen an dir nagt.
Um mich zu erschrecken,
wenn du vor Wut aufgeregt bist.
Überlaufend immer
mit Testosteron,
Adrenalin,
Kriegslust
oder mit
was auch immer sonst nährt
deine Hunderte von Wünschen
und dein Traum vom Boot,
dessen Ruder deine Hände kräftig stoßen
im Wasser unter dir.
Manchmal bin ich das Wasser,
Manchmal bin ich ein Ruder.
Aber das tust du immer
so charakteristisch,
durch Ausgießen aus der Matrix
deiner genetischen Veranlagung.
So viel mein,
wie vielen anderen,
und niemandem,
durstig nach allem,
und friedlich,
sowie gewagt
und aggressiv.
Und so viel Mann,
mein Lieber,
so viel Mann.

Im Startzustand

Wie oft habe ich mich in dich verliebt?!
Zum ersten Mal,
als
wir gingen Hand in Hand
entlang der Straßen von Genf,
als wir uns küssten
unter dem Baum, den wir lachend
nannten „vertikales Bett",
wenn der Regenbogen plötzlich aufstieg
am Himmel über dem Jura,
als ich dich sah – war ich
einer der glücklichen Vögel
in Saarbrücken,
auch als wir uns trafen
an Bahnhöfen, Flughäfen und Bushaltestellen
in so vielen verschiedenen Städten,
dass ich ihre Namen vergessen habe …
Und
nach langem Hinauszögern
des Abschieds,
der immer bedrohlich war,
denn jeder konnte der letzte sein.
Trotzdem machten wir
immer weiter.

Unbehaglich

Anscheinend fühlte ich mich schuldig,
als ich dich gestohlen habe
zum Valentinstag.
Genau das habe ich dir geschrieben.
Dann wusch ich deine Hemden
und habe in Ordnung gebracht
ein Durcheinander zu Hause.
Und wenn alle sichtbaren Spuren von dir
verschwunden waren,
stürzte ich mich auf das Bett,
um allein zu sein,
„nach dem Fest".
Du musst dich –
wahrscheinlich auch –
schuldig gefühlt haben.
Wegen des „Kindes", sagst du.
Ich will von meinen Herzen
dir geben
mein Verständnis.
Aber es gibt
kleine schädliche
Stolperer – Fragen,
auf die du nicht geantwortet hast.
Deshalb habe ich
eigentlich nicht verstanden –
wer von uns dreien
feierte das Fest der Liebe????

Liebe

Jahre zusammen,
eine Frau und ein Mann,
sie verwandeln sich in Bücher –
gelesen, weggeworfen,
aber immer zurückgekommen
in diesem ewig schwingenden Leben.
Was werden wir lesen
füreinander
ineinander
wenn die Zeit vergeht?
Was könnte es sonst noch sein, meine Liebe?
Abgesehen von dem Geschenk
nochmal
das Gleiche
zu lesen.

XXX

Mach, dass ich mich nicht allein fühle!
Kannst du das?
Du hast es einmal getan!
Mach es noch einmal – es ist nicht genug.
Es ist süß wie ein geschenktes Leben.

Krankheit

Du hast mein Leben erschüttert.
und machst es kaputt.
Du hast mich erschaffen.
Du hast mich geboren
und mich gerettet.
Ohne mich zu lieben.
Ohne mich zu wünschen.
Eine andere Frau hast du geliebt.
Und sie hast du gewollt.
Und jetzt bin ich krank,
leide an derselben Krankheit,
der getäuschten Liebe.
Ich kann dich umbringen
Ich kann mich umbringen.
Aber ich kann mich nicht heilen,
wie auch du es nicht kannst –
weder mich noch dich selbst.
Hör Cesaria Evora.
Meine Hände sind auf deinen Schultern.
Lass uns tanzen.
Ich werde dich immer wollen
wie beim ersten Mal.
Du willst mich immer wollen
als Ersatz und Heilung.
Erinnerst du dich an den Stechapfel,
der im Garten ist.
Ich brauche ihn,
einen Tag,
wenn du mich verlässt.

XXX

Verliebe dich nicht! –
sagte ich zu meinen Händen,
die davon träumten, dich zu berühren.
Verliebe dich nicht! –
sagte ich zu meinen Augen,
die dich gesucht haben,
und versuchten dich zu meiden
zur selben Zeit.
Verliebe dich nicht! –
sagte ich zu meiner Haut,
die bei dem Gedanken an dich zittert.
Verliebe dich nicht! –
sagte ich zu dem Ball des süßen Hasses
in meinem Bauch.
Fuchs,*
du warst wütend auf dich
und wurdest auseinandergerissen,
warum bist du gekommen
aus deinem Märchen
in meines???

---

* Eine bulgarische Fabel erzählt von einem Fuchs, der von einem Hund gejagt wird. Als er in seinen rettenden Bau kommt, beschuldigt er Teile seines Körpers, ihm bei der Flucht nicht gut geholfen zu haben. Deshalb reicht er sie aus dem Bau, aber woraufhin der Hund sie zerfetzt.

Wie ein Dialog

Ich hatte eine Frage
eine dieser wichtigen Fragen.
Aber ich sagte nur:
Weißt du,
jeder Tropfen, den ich trinke
füllt die internen Lücken.
Gerade habe ich schon getrunken
eine unbeantwortete Frage.
Und jeden Tropfen versuchte es
die Lücken aufzulösen,
um sie nicht wahr zu machen.
Jeder Tropfen ist ein verdammter Ersatz.
aber du hast mich nur gefragt: „Willst du mehr Wein?"

Schlaf

Schnell
öffnete ich meine Augen,
So, meine Träume,
in der Nacht erschaffen,
wurden weggefegt.
Es war Frühlingsschnee in ihnen,
weiß und rosig,
aus den Knospen von Äpfeln und Aprikosen,
schon auf der Erde
unter den flammenden Zweigen,
wo die ersten Bienen
schon getanzt haben
mit ihren Solarpartnern
Du bist auch da.
Du kommst zu mir.
Du – das Zentrum meines Traums,
aus dem ich erwache.

So einfach

Du bist nett.
Manchmal zu nett.
Und ein anderes Mal –
heute zum Beispiel –
bereitete er
ein heißes und saures Mahl.
Ich finde immer noch Treppen
auf und ab
in unserem gemeinsamen Leben.

XXX

O, mein Freund –
ein Oasengeist in der Wüste,
du erlaubst mir
gnädig dich zu lieben.
In einer nutzlosen
und bibliothekarischen Art.
Ich klettere nicht mit dir ...
Berge der Liebe und des Hasses,
es gibt keine Hügel und Täler.
Wir kennen auch nicht
den friedlichen, ruhigen Abstieg.
Wir fühlen das Geschlecht
als entfernten, pikanten Hintergrund
unserer männlich-weiblichen Freundschaft.
Nur noch eine Sekunde länger
von der Normalität
Ich schaue in deine Augen –
ein erwürgter Reflex
unserer nie ausgesprochenen
und dramenlosen
Liebeslethargie.

Schlecht, aber es wird vergehen

Heute ist Wein das vierte Bein.
Ohne das der Tisch lahm ist.
Ich werde den verdammten Fusel trinken.
Um deinetwillen!
Vor allem aber –
um die Flasche nicht zu zerbrechen
auf deinem Kopf.

Eine Lektion

Ich habe geheiratet
wegen des Minderwertigkeitsgefühls,
und wegen Momenten der Einheit,
auch um zu lernen, wie man die Grenzen überschreitet
wegen der vollständigen oder vorübergehenden
Hoffnungslosigkeit,
und habe auch wegen einer neuen Art von Einsamkeit
manchmal vorgegeben zu fehlen.
Und eigentlich –
um zu studieren
immer falschzuliegen
und zu sehen, wie langsam
ich mich ändere,
und teilweise dich.

Wütend

Du sagst hallo, aber ich frage mich:
Woher kam deine Freundschaft?
Wir haben uns nicht die wichtigsten Dinge gesagt.
Wir reden nicht.
Wir weinen nicht, wir lachen nicht gemeinsam.
Hallo, du hast es einstudiert,
dieses Wort zu sagen.
Das ist, was du tust. Deshalb:
Hallo ist der Höhepunkt deiner Bemühungen
mich zu verstehen.
Sehr oberflächlich,
ein Ritual,
und ohne Adresse:
Einfach: Hallo.

Liebesfantasie

Wie sieht die Liebe aus?
Oh, ich sage dir – sie ist eine Zauberin.
Und wenn das Leben verstopft und festsitzt
und die Jahreszeiten verschwinden,
sie ist da.
Und wartet mit ihrem Zauberstab auf dich.
Und sie weiß, wie sie es macht –
Aber plötzlich
weißt du nicht, wer du bist,
ohne dich zu sehen,
in einem –
wie aus dem Nichts herausgekommen –
Spiegel.
und natürlich irgendwie verwandelt
von jemandem, der auch starrt
in den gegenüberliegenden Spiegel –
und das bist du.
Aber zu oft folgt
eine neue Transformation.
Du hast von Zerrspiegeln gehört.
Und du wirst sie sogar sehen können,
wenn die Liebe sich
ihren Zauberstab schnappt
und verschwindet.
Wirst du es ihr erlauben –
es ist sicher,
wenn sie gehen kann,
wird sie es tun.
Das ist ihr Wesen.

XXX

Halte nicht, sondern geh,
wenn Liebe unmöglich ist.
Versuche nicht aufzugeben
nach dem Abschied.
Obwohl du weißt –
die Welt wird
ein leerer, kranker Ort sein.
Du wirst ein Schatten.
Du wirst durch Schlamm und Schnee
kriechen,
durch Pfützen oder
auf dem heißen Asphalt.
Manchmal wirst du deine Lippen bewegen,
aber Schatten werden nie gehört.
Und der Blick des Schattens,
niemand ist ihm begegnet.
Ausgebreitet werden seine Hände
nichts fassen,
weil der Körper weitermachen wird,
davon getrennt,
und weigert sich zurückzukehren.

Das Fest

Du wirst zurückkehren.
Nach Weihnachten.
Hallo, wieder.
Ich werde dir sagen:
Ich möchte nicht anrufen.
Ich schreibe.
„Frohe Weihnachten"
Ja, ich wünsche es dir.
weil
du zurückkommen wirst,
nach dem Fest
nach der anderen Frau
und der anderen Familie.
Ich fange jedoch an
in letzter Zeit
davon zu träumen:
nichts zu schreiben,
nicht mehr zu warten
sondern weiterzugehen!
Geh einfach durch.

Das Bier der Liebe

Komm schon, gib es zu,
war es nicht himmlisch?
Mit dem ersten Schluck?
So erfrischend
in der Hitze des Lebens.
Wenn du es beschreiben müsstest:
unvergesslich!
(Wie … ich weiß es nicht –
zu wenige Dinge)
Und sehr süß
für den Gaumen,
der den Preis
der Luft im Schaum
schon vergessen hat.
Deutlich:
die Tiefe des Glases
spiegelt die Tiefe
des darüber Gedachten
Am Ende,
wenn ich wieder
auf den Boden komme,
steht alles am richtigen Platz.
Bier – jedes Bier –
ist bitter.

Einsamkeit zwischen Ländern

Nikolaustag

Am Nikolaustag wird in Bulgarien traditionell Fisch gegessen

Hier sind wir in der Kirche –
mit Leuten, die in der Stadt geblieben,
also nicht verreist sind
oder nicht verreisen konnten,
auch mit Zurückgekehrten.
Erschöpft oder bei vollem Bewusstsein, Geister.
Einige schauen mit nassen Augen
die Ikonen an,
auf denen Tränen
in Hunderten von Jahren
geflossen sind.
Andere bringen ihre Großeltern
zu den Bänken,
geben ihnen brennende Kerzen.
Wie Kinder freuen sich
die Grauhaarigen.
(Natürlich ohne zu rennen,
zu necken
unter der Kuppel der Kirche.)
Der Chor singt voller Harmonie.

Jemand lässt etwas unbeabsichtigt fallen
irgendwo beim Altar.
Priester wandeln umher,
konzentriert auf das Geschehen.
Frauen bekreuzigen sich,
küssen die Ikonen,
derart wie sie
ihre Männer geküsst haben.
Die Fische liegen ungeküsst
auf dem Tisch.

So, meine guten Mitbürger,
worauf hofft ihr?
Vielleicht dass eines Tages,
in einem besseren Leben,
der Fisch wird genug sein
für euch alle?

Volle Feiertage

An einem schönen Tag – Sankt Georgs Tag...
Das Kloster
wurde in Staubwolken gehüllt,
die die kommenden Fahrzeuge
erzeugt hatten.
Der Garten,
belebt von einer Kinderschar,
die umherrennt.
Die Gäste
aus alten Familien
saßen ungeduldig am Tisch.
Sie fühlten sich
in der Nähe des Kirchenfriedhofs
zu Hause.
Sie brachten ein gebratenes Lamm herbei,
klopften an die Weingläser,
zogen sogar ein Tonbandgerät hervor.
Der stolze Teufel, gemalt
an die Wand der Kirche
vor Hunderten von Jahren,
gab jetzt verzweifelt den Rauch ab
vor dem Sonnenuntergang.
Es war die Zeit gekommen –
ZUSAMMEN zu feiern –
die seit Jahrhunderten toten
und die noch lebenden
Bulgaren.

Die neuen Bulgaren

Sie sind nicht mehr die gleichen.
Morgens im Park gesehen
mit ihren bellenden Begleitern,
Jogger,
mit eingesteckten Kopfhören,
gehörlos für alles andere.
Zielbewusste oder zufällige
Passanten.
Nomaden in einer virtuellen Welt.
In der Realität –
Schlucker von Geld und Ruhm,
Pöbel
Medienzaren,
Gartenzwerge
auf eigenem oder fremdem Rasen …
Was noch alles?
Aber endlich –
überall,
Adler* auf den bulgarischen Brücken.

---

* Die Adlerbrücke befindet sich in der bulgarischen Hauptstadt Sofia und ist zu einem geflügelten Wort für politischen Protest geworden.

Der späte Frühling 2013

Warum bin ich in diesem Laden?
Wo der Ladenbesitzer,
obwohl oft ersetzt,
ist der Schlüssel zu den Dieben.
Was bleibt hier
zu verkaufen?
Und die Käufer
natürlich
sind verschwunden –
die Straßen runter,
auf Adlerbrücken,
in Mehrparteienversammlungen,
in Fitness-, Business-Clubs,
in Krankenhäuser, Gefängnisse
Irrenhäuser,
oder schon im Ausland ...
Und nur der Vitosha
springt mit seinem weißen Hut heraus
hinter den Zivkov- oder Parvenu-Blöcken
und übt
die protestierende neue bulgarische Sprache.

Klassentreffen

Sieben Mädchen,
sieben Freundinnen,
sieben Straßen vor ihnen,
in sieben verschiedene Richtungen,
ohne eine Ahnung wohin,
Gott sei Dank!
Nicht alle sieben
werden zurückkommen,
um den Kreis zu schließen.
Ihre Pfade bewegen sich
in einem Karussell
„Als hätten wir
die Schule nie verlassen." –
Sie werden es freundlich erzählen
einander erkennen,
nach dem ersten Glas
schon leer.
Und sie werden denken
ernsthaft über
das zweite …
und über andere Dinge.
Sie werden sich verabschieden
am Morgen.
Ja, sie wissen schon wohin.

Das Zuhause in uns, ein bisschen Grammatik, ein bisschen Semantik, ein bisschen Quo Vadis

Ich bin im Park.
Am Ausgang bog ich links ab.
Sehr instinktiv.
Oder automatisch.
Zurück nachhause.
Така трябва да съм си помислила.
(Das muss ich mir gedacht haben!)
Es ist eine schwierige Verbform
in bulgarischer Sprache.
Ich habe Ausländer
sagen hören:
Deine komplizierte Grammatik
stört nur das Leben.
Bitterer
erschien mir jedoch
die einfache Vergangenheitsform in:
„Wir haben das Haus verkauft."
Oder das Passiv in:
„Das Haus wurde verkauft."
Ich hatte vergessen
oder diese Verbformen gelöscht.
Manchmal
komme ich als Ausländer zurück.
Aber das Wissen kehrte zurück.
Und als Ergebnis –
biege ich nach rechts ab.

Politische Gedichte aus der Zeit des Übergangs vom Sozialismus zur Demokratie in Bulgarien

I

1989

Wir haben es weggeworfen,
wir haben es weggeworfen,
wir haben es weggeworfen
über Bord –
verrückt und begeistert.
Jetzt fliegen wir –
Heliumballons.
Wir haben nicht damit gerechnet,
mit den Nadeln.

II

2009

Sie erzählen es mir.
Und ich sage es mir auch:
Wichtige Dinge dürfen nicht gekauft werden.
Ich liste sie langsam und triumphierend auf:
Leben, Gesundheit, Talent, Heimat …
Ich kann mich schon ausruhen
und in die Läden gehen.
In ihrer Pracht
lasse ich gehen
eine kleine Theorie.

III

2019

Wir sind nicht weit gegangen.
Der Himmel donnerte
von imaginären Flügeln
der Flügellosen,
die uns unterwarfen.
Sie haben etwas erledigt,
arrangiert,
geschoben,
verschlungen,
eingegraben
und geschluckt.
Die Luft war vergiftet
von Hunderten talentloser Köpfe.
Der Asphalt hat nicht geholfen
mit all seinen Löchern darin,
auch vermochten es nicht seine rutschigen,
konformistischen Sektionen.
„Nichts ändert sich jemals" –
jemanden anschreien,
aber das wurde von niemandem gehört
mit Ausnahme,
bedauerlich und tiefgreifend
auf dem grauen Netz
von Sackgassen, blinden Flecken
und spirituellen Müllkippen –
gehorsame, dumme Provinzen,
mit denen
das Monster sich selbst füttert.

Traurig bis auf die Knochen (Januar)

Gewidmet allen Verlierern

„Du warst ein Teil meines Lebens,
bleib drin"
meinte ich,
aber ich habe es nicht gesagt.
„Du bist nicht Teil meines Lebens" –
meintest du,
ohne es sagen zu wollen.
Es regnet nicht,
auch schneit es nicht.
Ich höre kein Wasser
rinnen.
Kein Wasserhahn tropft.
Das Dach ist stabil.
Die Fenster fest geschlossen.
Ein Januartag
unter dem wasserdichten Umhang.
Tropfen der Freude,
lebensspendendes Wasser,
Ich rufe es –
wie schaffst du es, zu mir zu kommen?

Das Beste vom September

Die Krone des Apfelbaums
gebärt gerötet,
gestreckt wie ein Bogen
vom Schmerz der Schwerkraft.
Der Vater der Kinder
hat seine Liebesstrahlung verloren,
jetzt schon
hinter neun Bergen im zehnten,
aber dennoch
hell,
ohne heiß zu sein.
Es ist Zeit,
dass die Frucht fliegt
in die Zukunft eines Baumes –
eine Hoffnung,
die ist ihr einziges Erbe.
Ein dumpfer Fall.
Und die Erde übernimmt sie.
Erstaunt,
das Universum ist wie ohnmächtig.
Für einen Moment
so lange wie die Ewigkeit.

Dezember in der Nähe der Mosel

Es ist 8 Uhr.
O Gott,
Die Nacht geht immer noch
durch die Zimmer –
morgens ungepflegt,
und wie ein Geist.
Ich hebe die Jalousien,
um sie – zu sehen,
ob sie aufgeht.
Es ist 9 Uhr. Endlich.
Dann ist sie weg.
Der Tag kommt –
obwohl
so lang erwartet,
ist er eine Kopie der Nacht.
Nur ein bisschen blasser
und viel kürzer.

Bulgarische Frage

Ohne einen Grund zu haben,
glaubte ich –
fanatisch, wahnsinnig, bedingungslos.
Ich konnte sogar die Richtung klar erkennen.
Jetzt bin ich da, auf dieser Straße,
auf der ich sein musste
und wo wir alle zusammen sind.
Dennoch fühle ich mich verloren.
Und ich weiß nicht wohin.
Deshalb
will ich meine Bulgaren
mit Nachdruck fragen –
Was ist mit euch –
wisst ihr wohin?

Im Land der Brüder Grimm

Ich weinte unaufhörlich und erbärmlich
mit Augen wie zwei Quellen.
Zu meiner rechten Seite
gab es eine echte,
mit einem von unten heraufgekrochenen
Salamander – als Besitzer.
Er sah mich an – die Verrückte,
die wanderte in diesem Wald.
War ich wirklich?
Oder war ich einer
der aufeinandergestürzten
in sich zusammengebrochenen Bäume?
So mächtig war der Hurrikan in meinem Herzen,
dass ich es geglaubt hätte.
.Der Wald ging auf mich zu –
nass, grün, mit einem Geruch nach Fäulnis,
mit Zweigen wie Schlangen
und Bergen kriegerischer Ameisen –
beängstigend, mythisch und lebendig.
Ich dachte, ich würde ihnmit meinem Schrei zerquetschen.
Aber es war nur ich,
die zusammengebrochen war.

Weihnachtsgedicht eines Auswanderers

Kind, ich wünsche dir frohe Weihnachten!
Und ich bitte den Weihnachtsmann
mein Vermittler zu sein.
Statt meiner
dir zu sagen, dass ich dich liebe,
und zu raten,
welche Geschenke
du dir wünschst.
Und würde er auch nicht vergessen
am Ende
dich zu küssen,
auf diese Weise erfüllend
meine besten Grüße
an dich.
Aber ich habe gehört – der alte Mann
hat meine Briefe nicht gelesen.
Also, wenn er bei mir vorbeikommt,
so weit nördlich,
Angesicht zu Angesicht,
werde ich ihm ausrichten –
nicht mehr zu kommen
mit diesen Säcken
voll neuer und alter Schuld
und mit einer Menge leerer Hoffnungen.
Aber ich hörte noch –
er hielte nicht bei jedem.

Bulgarische Mütter

Arme, leidende Mütter
vergebt mir,
dass ich euch mit alten Häusern vergleiche,
deren Pflaster abblättert,
und alles Wertvolle ist schon genommen.
Und mit entvölkerten Dörfern
vergleiche ich euch –
sie verschwinden,
und sie verschwinden wie ihr.
Auch mit Städten –
im Zentrum sind sie
als europäisches Projekt,
aber alles weitere –
düstere Vororte.
Nur Prognosen über das Wetter,
überall in der Welt,
wo eure Kinder sind,
landen mit Freude auf dem Dach
wie vorbeiziehende Störche.
Es wird ein Feiertag sein,
es wird Frühling sein,
wenn sie wirklich zurückkommen.
Nicht dass sie es nicht tun,
aber das ändert nichts an der Karte.
Und immer weniger öffnet jemand die Tür,
als ob drohend erwartet würde
ihr letztes Knarren.

Oktober-Wahnsinn

Heute,
auf beiden Seiten der Straße
von Lütz nach Lieg, sind
alle Schlangen gekrochen.
Die Hitze,
obwohl es ist nur der Asphalt,
scheint ihnen etwas Wichtiges zu sagen,
scheint besondere Erinnerungen zu bringen.
Deshalb bin ich erstaunt –
sie wirken wie Verliebte.
Es wäre gut
sie zurückzutragen
ins kühlende, sichere
Gras.
Aber sie winden sich
wie verstörende Zeichen,
und sehr wütend
vertreiben sie mich.
O, Gorgons Haare, Schwester, Hexe,
eine benzinbetriebene Karosserie
wird kommen
und sie wird ihre Spiralen zerquetschen.
Bin ich nicht so wie ihr,
mich zu täuschen, hierzubleiben
wegen eines Sonnenstrahls,
der mich einmal gestreichelt hat?

Nachts zu reden

Er: –4 Uhr.
Sie: –Du hast am Abend viel getrunken.
Er: –Weil du mich nicht aufgehalten hast.
Sie: –Ich habe es versucht.
Er: –Ich brauchte einen Engel. Du denkst, du bist ein Engel,
aber du bist es nicht.
Sie: –Nein, ich glaube nicht, dass ich ein Engel bin.
Pause.
Sie: –Bist du ein Engel?
Er: –Halt die Klappe.
Pause.
Er: –Eigentlich gibt es an mir viele engelhafte Züge.
Er schläft ein wie ein Engel.
Sie hat keinen Erfolg gehabt
selbst nicht die Lider zu schließen.
Aber liegt im Bett eines anderen,
in einem fremden Land.
Und sie wundert sich,
wo diese teuflische Provinz ist –
wo ihr Zuhause ist.

novum VERLAG FÜR NEUAUTOREN

Bewerten
Sie dieses Buch
auf unserer
Homepage!

www.novumverlag.com

Die Autorin

Marieta Piegeler wurde in Bulgarien geboren und hat bulgarische Philologie sowie Anglistik studiert. Sie hat bereits zwei Gedichtsammlungen auf Bulgarisch veröffentlicht, „Nachdenken über den Weg und die Schuhe" sowie „So eine dünne Linie". Ihre Gedichte sind in einer Reihe lokaler und nationaler bulgarischer Zeitungen sowie in Anthologien und Almanachen in Bulgarien und den USA zu finden. 2014 erreichte sie den dritten Platz bei einem internationalen Wettbewerb des Verlags Little Red Tree in Amerika. Ihr erstes Buch in englischer Sprache wird in Kürze veröffentlicht. Sie lebt in Deutschland, aber ihre Familienverbindung nach Bulgarien und seit kürzerer Zeit auch nach Spanien bleibt.

Der Verlag

novum VERLAG FÜR NEUAUTOREN

„Wer aufhört
besser zu werden,
hat aufgehört
gut zu sein!

Basierend auf diesem Motto ist es dem novum Verlag ein Anliegen neue Manuskripte aufzuspüren, zu veröffentlichen und deren Autoren langfristig zu fördern. Mittlerweile gilt der 1997 gegründete und mehrfach prämierte Verlag als Spezialist für Neuautoren in Deutschland, Österreich und der Schweiz.

Für jedes neue Manuskript wird innerhalb weniger Wochen eine kostenfreie, unverbindliche Lektorats-Prüfung erstellt.

Weitere Informationen zum Verlag und
seinen Büchern finden Sie im Internet unter:

w w w . n o v u m v e r l a g . c o m